NICOLA CARABELLESE

AMIANTO SVELATO

Come Ottenere Un Indennizzo Per Malattie Da Amianto A Costo Zero

Titolo

"AMIANTO SVELATO"

Autore

Nicola Carabellese

Editore

Bruno Editore

Sito internet

http://www.brunoeditore.it

Sommario

A Michele,
il Padre migliore al mondo.

Introduzione

6.000, seimila morti l'anno per colpa dell'amianto, ancora oggi, in Italia. Sì, tutt'ora è un vero e proprio dramma: si continua a morire per "colpa" dell'amianto.

15 persone al giorno ci lasciano per questo.

Già. Questi sono esattamente i numeri impietosi che emergono. E i numeri parlano chiaro. Non sono soggettivi.

Ecco i dati epidemiologici forniti sui decessi provocati dall'amianto, durante la presentazione da parte dell'Ente Nazionale, Rapporto del Registro Mesoteliomi Nazionale. E, come se non bastasse, il quadro peggiora ancora: le statistiche evidenziano un netto aumento dei casi nel nostro Paese; non diminuiranno.

La situazione non accenna di certo a migliorare: sempre secondo l'Ente, in un futuro, neanche troppo lontano, queste forme di tumore causeranno ancora e ancora malati e decessi, in maniera esponenziale, a causa dall'esposizione prolungata alle polveri sottili di amianto.

A distanza di quasi 30 anni dalla Legge 257/1992, che ha vietato l'utilizzo di tale materiale nel nostro Paese, sono ancora troppe le persone che non solo muoiono, ma che in migliaia si ammalano di mesotelioma pleurico e di altri tumori polmonari, tutti determinati dall'amianto. Tra cui mio Padre.

Hai letto bene: mio Padre. Se n'è andato a soli 62 anni, dopo appena 5 mesi dalla scoperta di aver un tumore ai polmoni, dovuto all'amianto. Permettimi di usare la maiuscola per Lui. Mio Padre Michele. Questo libro nasce proprio per Lui. Solo in suo Onore.

È stato vittima di mesotelioma, una forma di tumore molto violento che aggredisce la pleura e che genera, quasi sempre, metastasi diffuse in diverse aree vitali del corpo. Prima della sua comparsa c'è un periodo di latenza che va dai 12 fino, addirittura, ai 40 anni. Chi se ne ammala è stato in contatto con le polveri sottili di amianto, inalandole. Il mesotelioma può interessare anche altre aree come la laringe, la faringe, lo stomaco e il pericardio.

Michele, mio Padre, nello specifico, è stato "attaccato" ai polmoni. Quest'anno, 2021, sono 11 anni che è volato in Cielo. Certo, per me non è facile, dover ripercorrere tutto (la scoperta della malattia, la sofferenza, il percorso fatto di strazio e sofferenza che ha portato, poi, alla sua perdita), ma è un atto dovuto sia in Sua memoria che per diffondere un messaggio importantissimo: le famiglie di vittime dell'amianto hanno diritto a un risarcimento.

Non tutti lo sanno. E, come detto, questo libro nasce proprio, quindi, da un lato per onorare Michele, dall'altro per scoprire un vaso di Pandora, tenuto, per ovvie ragioni (i loro interessi) per troppo tempo "nascosto". Questa è diventa la mia "ossessione" di vita, il mio scopo: onorare mio Padre, aiutando le persone nella stessa situazione.

Assistere e accompagnare i parenti a richiedere il rimborso per la perdita drammatica di un loro caro, dovuto all'amianto, è un mio atto dovuto, personale. Nemmeno a dirlo: io vorrei con tutto il mio cuore che mio Padre fosse qui con me, accanto a me, che ogni giorno ci telefonassimo o andassimo in barca a vela nei week end (la sua più grande passione), ma purtroppo né tu, né io, né nessun altro, possiamo cambiare questa (triste, tristissima) realtà.

Quando è voltato tra gli Angeli, è se n'è andata con lui anche una parte di me, ovviamente. In quel momento avevo due strade: vivere, reagendo – appunto facendo propaganda su questo tema e pretendendo giustizia - oppure morire dentro assieme a lui. Ho scelto.

Sono Nicola Carabellese, ho 45 anni, vivo nell'Isola di Procida in Provincia di Napoli, sono sposato ed ho due bellissimi bambini. A 30 anni sono diventato Avvocato. A 35 anni ho perso una parte di me stesso e da allora mi sono specializzato nel campo delle malattie professionali, nella fattispecie, in cause per la tutela delle famiglie di vittime per l'esposizione all'amianto, con lo scopo di ottenere un risarcimento economico.

In queste pagine ho trasmesso gran parte del mio sapere, con la concreta e determinata intenzione di diffondere il più possibile questo messaggio, proprio perché le persone non sapendo di avere un sacrosanto diritto, non attivano nessun'azione.

Con molta commozione ho deciso d'intraprendere questa strada del libro, ma sono certo che anche mio Padre vorrebbe questo. Il senso al decesso di un marito, di un Padre o di un fratello non è possibile darlo ai nostri cuori, ma fare giustizia nei confronti dei responsabili di una morte dolosa… è un nostro dovere.

Lo so che molti dinnanzi ad un dramma del genere, sono sfiduciati, spaventati o scoraggiati, dal fatto che la vertenza si debba fare addirittura all'estero, visto che il parente ha lavorato per compagnie non italiane, ma ciò è diventato proprio il mio compito: seguire queste persone, passo dopo passo, e non far finire tale vicenda nel dimenticatoio.

Voglio sottolineare un aspetto molto importante. Ho scritto che vivo nella piccola isoletta di Procida, con i suoi appena 10.000 abitanti: è proprio da qui che vedono la luce le cause che il mio studio perora contro i "colossi" americani. Voglio che queste famiglie si arroghino il diritto di avere un ristoro, un rimborso che spetta loro per Legge, senza dover andare in America per seguire la causa.

Lasciami ripetere un concetto: la morte dei nostri cari è dolosa! Proprio così: dolosa, perché loro, dai titolari ai manager che prendevano decisioni delle grandi compagnie navali, sapevano tutto.

Loro, gli imprenditori, gli amministratori e i dirigenti hanno avuto enormi negligenze nei confronti dei lavoratori sottoposti: erano perfettamente a conoscenza della pericolosità dell'amianto. Per tutelare la salute degli stessi avrebbero dovuto far usare le precauzioni necessarie: mascherine, tute protettive, scafandri, guanti e tutti gli altri dispositivi personali di sicurezza, con il potere filtrante verso l'amianto.

Invece, per badare al proprio ritorno economico, li hanno lasciati in balìa della "fibra killer", perché tanto il problema si sarebbe presentato (la malattia) dopo anni e anni (30, 40 o persino 50 anni), confidando, appunto, che si "sarebbero" dimenticati, o che tanto non ci sarebbe più stato nulla da fare. Non è così.

C'è da fare e anche tanto. Perché il coperchio è stato spostato e con Lui, la consapevolezza che molte, troppe famiglie sono state abbandonate a se stesse. "Il profitto a discapito della salute".

Questo il motto per eccellenza di questi "individui" che hanno messo al primo posto il fattore economico vs. la salute degli esseri umani. Vite umane. È stata una decisione cosciente, quella di non voler proteggere i propri dipendenti: ora, non ti sembra il caso di voler fare "semplicemente" giustizia nei confronti di queste omissioni, volute e pianificate a discapito della vita stessa dei nostri cari?

Erano del tutto consapevoli della pericolosità dell'amianto e lo posso affermare con estrema cognizione di causa: i primi studi, le prime ricerche volte a scoprire tutti i rischi legati all'amianto risalgono al 1919. Quindi un secolo fa. Il libro è così composto:

Nel Capitolo 1, racconto di dati importanti e impattanti relativi all'amianto. Dov'è stato utilizzato, le motivazioni, che cosa comporta venirci a contatto e dove lo si può trovare ancora ad oggi.

Nel Capitolo 2, ho inserito quali sono le paure tipiche relative alla richiesta di risarcimento per un parente deceduto a causa di malattie professionali.

Nel Capitolo 3, mi sono brevemente presentato e come ho iniziato a voler aiutare le persone che hanno perso i propri cari a causa dell'amianto, oltre che a raccontarti la storia di mio padre.

Nel Capitolo 4, ho spiegato, passo dopo passo, passaggio, come avviene la richiesta per ottenere un ristoro economico per vittime e/o malati a causa del contatto con l'amianto, proprio per farlo capire nel dettaglio.

Nel Capitolo 5, ho descritto cosa fa, nello specifico l'Associazione A.P.I.N che ho creato, di cui sono Presidente, per dare supporto alle persone che hanno tutti i dubbi relativi all'amianto: a chi rivolgersi, cosa fare, come comportarsi.

Nel Capitolo 6, ho inserito i "miei" numeri, nonché alcune case history, rispetto al mio operato in questo ultimo decennio, per farti intendere l'entità del risarcimento a cui hanno diritto i parenti delle vittime dovuto all'amianto.

Nel Capitolo 7, l'ultimo, ho scritto i contatti ai quali fare riferimento per conoscerci: non aver alcun timore.

E adesso, iniziamo.

Capitolo 1
L'amianto: un tabù di cui è bene parlare

Che cos'è l'amianto? Perché si è diffuso così tanto, per poi esser stato ritirato dal mercato? Partiamo con ordine.

L'asbesto, chiamato comunemente amianto, è un insieme di minerali di consistenza fibrosa, purtroppo, cancerogeni. Per diventare amianto i minerali di partenza devono subire particolari processi idrotermali a bassa e temperatura. È tipicamente formato da singole fibre, 1300 volte più sottile di un capello umano.

Non esiste, a oggi, la conoscenza, di una determinata soglia di rischio al di sotto della quale la concentrazione di fibre di amianto nell'aria non sia pericolosa: si sa solo che un'esposizione prolungata nel tempo o a elevate quantità dello stesso, aumenta significativamente le probabilità di contrarne le patologie associate, di cui prima.

Perché è stato utilizzato allora? Le eccellenti proprietà fisico-chimiche, oltre ad essere molto economico a livello di estrazione rispetto all'indotto del business, ne hanno favorito un massiccio impiego nell'industria, nell'edilizia ed anche in molti prodotti di uso comune. (Ahimè a discapito però delle persone, come ho già detto).

La sua resistenza al calore è molto alta, è pertanto ignifugo, e la sua struttura fibrosa ne hanno reso comune l'utilizzo come materiale per molteplici impieghi. Possiede vaste qualità di fono assorbenza, è resistente alle aggressioni chimiche e fisiche, nonché è facilmente filabile.

Ma la sua ormai accertata nocività per la salute ha portato a vietarne l'uso in molti paesi. L'amianto è stato utilizzato fino agli anni ottanta nell'ambito industriale, edile e privato. In particolare, sia come isolante termico nei cicli industriali, sia a fini anti-incendio, laddove vi erano ambienti con altissime temperature, come le navi. Lo si spruzzava addirittura negli edifici industriali e civili (in particolare per quelli aperti al pubblico).

Veniva usato nei mezzi di trasporto, nonché in manufatti di forme varie, in funzione dell'utilizzo, nei filati e nei tessuti. Nell'industria per la costruzione di navi, ad esempio di portaerei e di treni. Si trovava nelle tute dei vigili del fuoco, nelle auto (vernici, parti meccaniche, materiali d'attrito per freni e frizioni di veicoli e guarnizioni) e anche per la fabbricazione di corde, plastica e cartoni.

Nell'edilizia, soprattutto per la coibentazione di edifici e tetti. Il materiale da costruzione sotto forma di composito fibro-cementizio, noto anche con il nome commerciale Eternit, è stato utilizzato per fabbricare tegole, pavimenti, tubazioni, vernici e canne fumarie.

Per intenderci, ricordi le classiche "onduline" o le lastre piane? Ecco, quelle erano fatte di cemento-amianto, impiegate come coperture, controsoffitti e pannelli divisori. Era poi impiegato in manufatti vari (vasi, sedie da giardino, cucce per cani, etc.), comignoli per camini, mattonelle in vinil-amianto e pavimentazione, nonché nei prefabbricati.

Per quanto concerne l'uso privato, veniva inserito nei ferri da stiro, asciugacapelli, pentole e sottopentole. Altro uso diffuso era come componente dei ripiani di fondo dei forni per la panificazione. E ancora, lo si trovava nella carta da parati e negli scaldabagni. Inoltre la polvere di amianto è stata largamente utilizzata come coadiuvante nella filtrazione dei vini.

Infine, persino, nei giocattoli: chi non ha in mente il famoso "DAS" o il "dolce forno" degli anni '70? Anche lì era presente. Il primo paese al mondo a usare cautele contro la natura cancerogena dell'amianto, tramite condotti di ventilazione e canali di sfogo fu il Regno Unito, fin dal 1930, a seguito di pionieristici studi medici che dimostrarono il rapporto diretto tra utilizzo di amianto e tumori.

Tre anni dopo, la Germania riconobbe il cancro al polmone e il mesotelioma, come conseguenza dell'inalazione di asbesto. Previse un risarcimento per i lavoratori colpiti. Il primo stato a bandire l'amianto fu l'Islanda, nel 1983 e, attualmente, oltre 50 paesi nel mondo ne hanno vietato l'utilizzo.

L'estrazione, la produzione e la lavorazione nei compartimenti industriali, nonché la vendita, sono fuori legge in Italia dal 1992, con estremo ritardo rispetto a tutti gli altri paesi. La norma Nr. 257 del 1992, oltre a stabilire termini e procedure per la dismissione delle attività inerenti all'estrazione e alla lavorazione dell'asbesto, è stata tuttavia la prima a occuparsi dei lavoratori esposti all'amianto.

All'art. 13 ha introdotto, infatti, diversi benefici consistenti: sostanzialmente in una rivalutazione contributiva del 50% ai fini pensionistici, dei periodi lavorativi comportanti un'esposizione al minerale nocivo.

In particolare è stato previsto: per i lavoratori di cave e miniere di amianto, a prescindere dal tempo dell'esposizione, per i lavoratori che abbiano contratto una malattia professionale asbesto-correlata, in riferimento al periodo di comprovata esposizione, e per tutti quei lavoratori che siano stati esposti per la durata superiore ai 10 anni.

In seguito alla normativa indicata nel 1995, venne stabilita una procedura amministrativa che vedeva coinvolto l'ente l'INAIL, per l'accertamento dei presupposti di legge per il riconoscimento dei predetti benefici previdenziali.

Nello specifico, l'INAIL procedeva all'accertamento dei rischi presso lo stabilimento del datore di lavoro tramite professionisti interni inquadrati nella CONTARP (Consulenza Tecnica Accertamento Rischi e Prevenzione). Sulla base della positività di esposizione e dei curricula professionali dei lavoratori, venivano quindi rilasciati agli stessi gli attestati dell'eventuale periodo di avvenuta esposizione all'amianto.

Tuttavia, prima degli anni ottanta i curricula non erano archiviabili in formato digitale e, soprattutto nel settore marittimo, il cambio di bandiera di molte compagnie è stato causa di difficoltà nel recuperare gli attestati di servizio. In più, con la rottamazione delle navi finivano al macero anche gli archivi.

In assenza di un parere rilasciato dai professionisti INAIL, il singolo lavoratore può incontrare serie difficoltà nel documentare la propria esposizione all'amianto, deve pertanto, ricorrere spesso ad un accertamento giudiziale.

Ed è qui che, quindi, subentra la mia figura, come professionista e, laddove, è necessario, arriviamo come studio professionale persino negli Stati Uniti, al fine di affiancare le vittime o i parenti con la propria lotta.

L'amianto è oggi ancora presente in una grande varietà di materiali da costruzione, rappresentando quindi un'emergenza per la tutela della salute della popolazione, non da poco. È una minaccia sia per gli adulti che per i bambini, visto che la "fibra killer" si nasconde ovunque intorno a noi: nelle scuole, negli ospedali, nelle biblioteche e persino negli edifici culturali. Voglio riportare alcuni esempi.

La più grande cava di estrazione europea dell'amianto, nonché una delle più vaste nel mondo, era a Balangero, in provincia di Torino. L'Amiantifera di Balangero era una miniera a cielo aperto, attiva dal secondo decennio del XX Secolo fino al 1990.

L'insediamento produttivo della Ditta "Eternit" di Casale Monferrato si estendeva su un'area di circa 94.000 mq, di cui circa 50.000 erano coperti, ovviamente, con lastre di fibrocemento.

L'attività produttiva ebbe inizio nel 1907 e cessò completamente nel 1986. Durante questo periodo le assunzioni furono circa di 5.000 lavoratori, con presenza simultanea anche di 3.500 addetti. Verso la fine degli anni '70 incomincia a prendere credito la convinzione che l'attività lavorativa alla Ditta Eternit sia accompagnata da una drammatica sequenza di patologie professionali, e parallelamente, iniziano le prime indagini mirate alla conferma epidemiologica di tale triste ipotesi.

Nel giugno del 1986, dopo lunghi anni di crisi, la produzione si interrompe bruscamente: gli ultimi 350 lavoratori, ancora occupati, vennero allontanati. La città di Casale perde definitivamente il ruolo di capitale del cemento-amianto per assumere, purtroppo, quello di città a rischio, dove la gestione delle aree che si presumono inquinate, pone ancora, a oggi, gravissimi problemi.

I danni causati dall' amianto lavorato all'Eternit non si sono limitati ad interessare la sola popolazione esposta professionalmente, ma riguardano anche l'ambiente circostante con i suoi abitanti.

Infatti negli anni '70, si comincia a registrare nel reparto di Medicina dell'Ospedale della cittadina, un significativo incremento dei morti per mesotelioma, anche in soggetti con anamnesi lavorativa negativa nei confronti di un'esposizione professionale ad amianto.

L'amianto è presente nell'ambiente casalese, e non certamente in quantità modeste, tale da generare conseguenze rilevanti anche sulla salute dei soggetti non direttamente lavoratori a contatto dell'amianto, come le mogli o i figli, ossia i parenti stretti degli stessi. Sino al 2008 sono stati rilevati oltre 1.200 casi di mesotelioma pleurico: una vera e propria strage se si considera che la città di Casale Monferrato conta 37.000 abitanti e che tra i 47 Comuni del territorio, la maggioranza non raggiunge nemmeno le 3.000 persone.

L' asbesto non è presente naturalmente nella conformazione geologica dell'area casalese (come invece accade nelle valli di Lanzo, dove si trova la cava di Balangero): necessariamente doveva essere stato immesso da fonti esterne, che si configurano, quindi, come l'attività lavorativa della ditta Eternit, che ha comportato la diffusione dell'amianto, in svariate forme, su tutto il territorio, con epicentro nella città di Casale Monferrato.

Una persona che si ammala ad oggi di mesotelioma è quasi al 100% dovuto ad una malattia professionale, o nel caso non avesse operato a contatto diretto con l'amianto, è un coniuge, genitore o parente stretto.

E non solo: se si vive in uno dei siti ove l'amianto è stato estratto, lavorato e prodotto è possibile che le persone possano ammalarsi di mesotelioma oppure di altre patologie asbesto correlate. Oltre che a Casale Monferrato e Balangero, vi sono anche altri siti a cui prestare particolare attenzione.

Qui di seguito ho indicato alcuni di questi luoghi:

* Broni (PV) e Bari, vi erano li dislocate le sedi della *Fibroinit*, una nota azienda produttrice di manufatti per l'edilizia in amianto;

* Bagnoli (NA), dove era presente un'altra sede dell'Eternit;

* Priolo (SR), anche qui vi era presente una sede dell'Eternit;

* Avellino, c'era un'azienda, *Isochimica*, i cui operai erano addetti a coibentare le carrozze dei treni dall'amianto che le componeva;

* Biancavilla (CT), le cui case sono tutte state costruite con pietra estratta dalla cava di Monte Calvario. Le analisi di questa pietra, senza alcun dubbio, hanno fornito la presenza di alto tasso di amianto.

Quindi, se sei vivi in una di queste zone o limitrofe, o sei a conoscenza di persone che abitano nei pressi, fai attenzione, e se, purtroppo tra i tuoi conoscenti o parenti c'è un ammalato di mesotelioma o di altre patologie asbesto correlate, hai capito adesso il motivo.

Un problema che quindi tocca da vicino tutti, dai risvolti sanitari drammatici. Secondo le stime del Registro Nazionale

Mesoteliomi, ad oggi sono presenti circa 40 milioni di tonnellate di materiali contenenti amianto, di cui 33 milioni compatto e 7 milioni friabile. In Italia sono ancora numerosi i materiali contenenti amianto che attendono di essere smaltiti o inertizzati e molteplici i siti in cui devono ancora essere effettuate le bonifiche.

C'è, poi, anche il problema della mancanza di discariche regionali, in cui smaltire i rifiuti che contengono il minerale killer. Bisogna quindi porre un'attenzione particolare davvero alta ai rischi provocati dall'esposizione a tale fibra.

I dati raccolti dal Registro Nazionale Mesoteliomi sono amplificati da quelli dell'Oms, l'Organizzazione Mondiale della Sanità: i decessi legati all'amianto in tutto il mondo hanno superato quota 104.000, annuali. La tendenza è stata in aumento a partire dagli '80, ma si stima che continuerà nei prossimi anni, raggiungendo il picco tra il 2025 e il 2030.

Ma perché inalare le fibre di amianto è così pericoloso? Partiamo dal presupposto che non sono un medico, e questo libro non è un trattato di medicina; tuttavia, voglio rendere "semplice" un concetto: è pura meccanica. Devo avvertirti che ho usato i termini nudi e crudi, di quello che, seppur amaro, che avviene nell'organismo di una persona malata.

Il nostro corpo è una macchina perfetta. E fin qui, lo sappiamo. La fibra di amianto, una volta inalata si "attacca" da qualche parte di un organo interiore del nostro corpo, che se avviene ai polmoni, il tumore che ne consegue, si chiama mesotelioma. Il corpo, così come quando si starnutisce (il principio è lo stesso), cerca in tutti i modi di espellere quello che lui "legge" come particella esterna.

Il problema dell'amianto è che le fibre sono talmente tanto infinitesime piccole, che non riescono più a uscire dall'organismo: rimangono praticamente bloccate e incastrate nell'organismo.

Il nostro corpo è programmato in modo tale da far di tutto per espellerle, proprio perché non gli appartengono, e a ripetizione, a furia di creare questi processi, le cellule si ammalano.

È come se letteralmente impazzissero e, dopo anni e anni di continui tentativi, "esplodono" in malattia… purtroppo il più delle volte incurabile, perché è troppo tardi.

Non è una causa/effetto automatica, ossia respiro amianto: mi ammalo, per nostra fortuna, altrimenti saremmo quasi tutti malati, perché l'amianto è stato respirato da centinaia di migliaia di persone, che come hai letto, era in pratica dappertutto.

Diciamo che la genetica ci viene in aiuto e quindi questo non è una certezza matematica, ma possiamo affermare che più si è stati esposti, più le probabilità di contrarre una patologia asbesto correlata aumentano.

Per il mesotelioma non vi sono cure risolutive, è terminale. Si possono fare terapie per allungare il tempo di vita, ma una volta accertato è irreversibile: l'ho visto e vissuto con i miei occhi; è un vero e proprio calvario per la persona. L'aspettativa di vita della persona è al massimo di 15 mesi, anche se ho assistito a casi di persone che sono arrivate oltre i 40 mesi.

Molto raro, ma succede. È tutto così soggettivo, vi sono così tante variabili, che è impossibile generalizzare, ma diventa necessario affidarsi alle statistiche. Diciamo che mi esprimo per la maggior parte dei casi. Questo è un tipo di malattia subdola perché non dà sintomi e una volta che emergono è troppo tardi: il tumore è in essere.

E se sono stato esposto? Sfortunatamente non vi è una diagnosi né preventiva, né curativa. Il tempo di latenza è altissimo: parliamo dai due decenni, fino a toccare i 50 anni, mezzo secolo. Ammesso e non concesso che sia possibile poterlo eventualmente diagnosticare prima, è necessario un esame istologico, ma questo non viene fatto se non vi sono comprovate esigenze o sintomi, oltre che diventa efficace solo se viene intercettata la zona dove risiedono le particelle: le probabilità sono pressoché nulle.

Quello che si può fare attraverso indagini approfondite, come la Tac o Risonanza, rispetto ai polmoni, è poter scoprire attraverso degli indicatori benigni, chiamate placche pleuriche o inspessimenti pleurici, (che sono come delle cicatrici sui polmoni, quindi visibili), che non definiscono la malattia.

Potrebbero rimanere dormienti tutta la vita oppure, trasmutarsi nello scenario peggiore. Questo è chiamato "quadro asbestotico", che fornisce appunto la sola indicazione della sola esposizione all'amianto. È un fattore che comunque non determina la malattia, ma la sola conferma dell'inalazione delle particelle d'amianto, che hanno provocato la formazione, appunto, di cicatrici.

Una persona che è stata esposta all'amianto può fare dei controlli, con dapprima una Tac, una risonanza magnetica o i raggi X, e poi eventualmente fare degli ulteriori controlli periodici, confrontandosi con il proprio medico curante, dicendogli appunto di essere stato a stretto contatto con l'amianto.

A tal proposito, in un capitolo successivo, ti parlerò della Fondazione che ho creato, proprio per dare supporto alle persone che hanno tutti i dubbi relativi a questo argomento: a chi rivolgersi, cosa fare, come comportarsi. Nel prossimo capitolo scoprirai quali sono le paure tipiche relative al chiedere risarcimento per un parente deceduto a causa di malattie professionali, dovuto al contatto con l'amianto e perché non devi farti fermare da queste. Le ho tutte scardinate.

Capitolo 2

Le paure tipiche di chi decide di non fare causa

In questo capitolo voglio trasmetterti le "paure", i "condizionamenti" e i luoghi comuni che bloccano le persone nel valutare se iniziare una causa verso un'azienda per un parente deceduto a causa di malattie professionali, dovuto al contatto con l'amianto.

Sono gli stessi che hanno avuto anche i miei stessi clienti o che sento ribattere, giustamente, da chi non fa questo mestiere tutti i giorni. Qui ne ho elencati, alcuni, ma se te ne dovessero venire in mente anche altri, contattami senza alcun problema: farò di tutto per sciogliere qualsiasi preoccupazione o quesito tu abbia in merito. Anzi, come avrai capito, sarò ben lieto di aiutarti a capire la situazione, che come sappiamo essere molto delicata.

Esiste un termine di prescrizione dal decesso della persona.

In linea teorica, genericamente, il diritto può andare in prescrizione. La normativa detta che entro tre anni dal decesso della persona bisognerebbe iniziare la causa. Tuttavia, grazie alla giurisprudenza stressa è possibile "allungare" questo termine.

Nel dubbio, ti invito a fissare un colloquio con me per capire effettivamente come stanno le cose, a prescindere dalla data del decesso del tuo caro o conoscente, per valutare insieme che effettivamente il diritto rientri o meno nei termini indicati.

Cito, per onestà intellettuale, anche i termini di Legge. A proposito della denuncia di malattia professionale presso l'INAIL, l'art. 112 del T.U. 1124/1965, prevede che: "L'azione per conseguire le prestazioni di cui al presente titolo si prescrive nel termine di tre anni dal giorno dell'infortunio o da quello della manifestazione della malattia professionale."

La giurisprudenza, ossia la Cassazione civile sezione lavoratori, 06/02/2018, n.2842, quindi i giudici, si è espressa in questi termini.

"A seguito della sentenza della Corte Costituzionale del 25 Febbraio 1988, n. 206, la manifestazione della malattia professionale, rilevante quale "dies a quo" per la decorrenza del termine triennale di prescrizione di cui all'art. 112 del d.P.R. n. 1124 del 1965, può ritenersi verificata quando la consapevolezza circa l'esistenza della malattia, la sua origine professionale e il suo grado invalidante siano desumibili da eventi obiettivi esterni alla persona dell'assicurato, che debbono costituire oggetto di specifico accertamento da parte del Giudice di merito, senza poter identificare la conoscenza dell'origine professionale e del grado di indennizzabilità con l'esistenza della stessa."

Quindi, in base a quanto indicato, è possibile far valere il diritto del "non sapere", anche se sono trascorsi i tre anni dal decesso. Ripeto: caldeggio vivamente di fissare un appuntamento con me, per verificare insieme i presupposti. Sarò onorato di aiutarti.

"C'è da fare una causa fino in America o in altri posti del mondo: devo andare io personalmente fin lì?" Assolutamente no.

Partiamo da una premessa. Molti lavoratori italiani hanno lavorato per aziende straniere. Come studio professionale ci occupiamo soprattutto di personale marittimo che ha lavorato molto tempo su navi di proprietà di compagnie petrolifere americane, proprio come mio Padre.

Questo tipo di lavoro prevede che il marittimo, compia degli imbarchi più o meno lunghi sulla nave stessa, 24 ore su 24, per poi rientrare per qualche mese in famiglia e ripartire. Come ho già scritto prima, l'amianto era adoperato soprattutto per le sue rinomate proprietà ignifughe.

Il problema principale su una nave è il verificarsi di un incendio: proprio per questo motivo necessitano un'efficace coibentazione dalle alte prestazioni; l'amianto è stato utilizzato a tali scopi. Soprattutto sulle petroliere, i tubi, le paratie, le sala macchine, persino le camere/cabine dei lavoratori erano rivestite con l'amianto. L'amianto era ovunque: amianto, amianto e ancora amianto. Su tali petroliere era ancora più presente perché trasportando il petrolio, se non viene surriscaldato costantemente si solidifica, quindi inutilizzabile.

Tutto il personale, sia che lavorava in "coperta", ossia il comandate, gli ufficiali e i sottoufficiali di coperta che quello di "macchine", ossia il direttore, gli ufficiali e i sottufficiali delle sale macchine, che possiamo definire il cuore pulsante della nave, è stato a strettissimo contatto con l'amianto, 24 ore su 24, in tutti i vari imbarchi che potevano arrivare anche a 12 mesi di fila. Va da sé che per un marittimo la nave non era solo un luogo di lavoro, ma anche ambiente di vita.

Anche se la nave "killer" era di proprietà americana, oggi giorno è possibile richiedere un indennizzo senza dover andare necessariamente negli Stati uniti. Anzi ti dirò di più: quasi sempre tutta la procedura viene fatta dall'Italia.

Ti guiderò personalmente: tu non dovrai fare nient'altro che affidarti. Ci sono altri casi, oltre ai marittimi, di persone che si sono ammalate di mesotelioma: hanno fatto il servizio militare e/o hanno intrapreso la carriera militare presso la Marina Militare Italiana, negli anni in cui l'Italia ricevette alcune navi dall'America piene di amianto.

Nel secondo dopoguerra, queste navi furono dismesse dagli Usa e cedute gratuitamente allo Stato Italiano, per permettere all'Italia di riformare sia la propria Marina Militare che quella Mercantile, questa operazione faceva parte del così chiamato, Piano Marshall.

Da Wikipedia: Il Piano Marshall, ufficialmente denominato piano per la ripresa europea (in lingua originale "*European Recovery Program*"), fu uno dei piani politico-economici statunitensi per la ricostruzione dell'Europa dopo la seconda guerra mondiale.

Il discorso con cui l'allora segretario di Stato statunitense George Marshall, annunciò al mondo la decisione degli Stati Uniti d'America di avviare l'elaborazione e l'attuazione di un piano di aiuti economico-finanziari per l'Europa che, in seguito, per convenzione storiografica, sarebbe stato noto come "*Piano Marshall*", fu senza dubbio uno dei momenti più importanti della storia della politica internazionale nell'immediato secondo dopoguerra.

Sì, interessante da un lato, ma la medaglia ha sempre due facce. Sulle stesse navi, difatti, i giovani di allora, come mio Padre e i miei zii (e magari anche tuo Padre o un tuo parente) prestarono il proprio servizio militare di leva. Alcuni di loro proseguirono la carriera, rimanendo a contatto con l'amianto presente nelle navi, oltre che per i dodici mesi di servizio.

Per completezza di narrazione, ho fatto un elenco, parziale, con il nome delle navi americane cedute all'Italia usate nella marina mercantile. Eccole:

- Arietta s. livanos 1958
- Tanker atlantic conqueror 1958
- Tanker atlantic conquest 1959
- Tanker cities service valley forge (formerly w. alton jones) 1954
- Tanker cradle of liberty 1954
- Tanker claiborne (formerly cherubim)
- Santa maria 1957 cargo ship or bulk carrier
- Comayagua 1945 cargo ship or bulk carrier
- Consumers power, formerly
- Adam e. cornelius, formerly
- Captain john roen, formerly
- George m. humphrey built in 1927.

- Cargo ship or bulk carrier captain john roen, formerly george m. humphrey built in 1927.
- Edward b. green 1952 cargo ship or bulk carrier fairport 1946 cargo ship or bulk carrier
- Florida 1956 tanker ship
- Fred morris 1960 cargo ship or bulk carrier
- Golden mariner 1954 cargo ship or bulk carrier govenor miller 1938 cargo ship or bulk carrier g.s. livanos 1958 tanker ship
- Han yung 1937 tanker
- Harry coulby 1927 xyz equipment installed 1957 cargo ship or Bulk carrier
- Heredia 1947 cargo ship or bulk carrier
- Hibueras 1948 cargo ship or bulk carrier iberville 1945 cargo ship or bulk carrier
- Ishpeming 1951 cargo ship or bulk carrier japan bear 1955 cargo ship or bulk carrier john j. boland 1953 cargo ship or bulk carrier
- John lykes 1941 cargo ship or bulk carrier
- John sherwin 1958 cargo ship or bulk carrier
- Joseph lykes 1940 cargo ship or bulk carrier
- Joseph s. wood 1953 cargo ship or bulk carrier

• Junior 1945 cargo ship or bulk carrier

Queste invece, alcune di quelle usate per ricostruire la Marina Militare Italiana:

• Aldebaran (F-590) 1951-1976

• Altair (F-591) 1951-1971

• Andromeda (F-592) 1951-1970

• Aviere (D-554) 1951-1975

• Fante (D-561) 1969-1971

• Frigates

• Geniere (D-555) 1971-1975

• L'artigliere (D-553) 1951-1971

• Lanciere (D-560) 1969-1971

Se uno dei tuoi parenti o conoscenti ha lavorato su queste navi è stato a contatto con enormi quantitativi di amianto. L'elenco non è esaustivo. Se hai dubbi, o vuoi sapere quello totale, come sempre, interpellami pure.

"Chissà quanto costa il tuo servizio"

Ormai un po' mi stai conoscendo, attraverso queste pagine. Hai capito che, nonostante tutto, sono una persona schietta e diretta. Vuoi sapere il costo del mio servizio?

Pronto? Zero.

Te lo ripeto: nulla per te. Un costo c'è ovviamente, le spese anche, ma ti verranno decurtate solo nel momento in cui otterrai il tuo risarcimento.

Se non dovessi ottenere il risarcimento? Non devi assolutamente niente a nessuno, tanto meno a me. E di questo ti dò la mia assoluta garanzia. Oltre a firmare un contratto di mandato in cui verrà formalizzato quanto ti ho appena detto, hai la mia parola d'onore.

Per ultimo, ma non di certo per importanza. "Sono affranto dal dolore. Voglio solo seppellire e dimenticare questa triste storia."

Intanto, il dolore non bisogna seppellirlo e far finta di niente, ma bisogna incanalarlo. Dimenticare nemmeno si può. Anzi, proprio perché non si deve dimenticare, quello che diventa necessario da fare in memoria dei nostri cari, è quello di ottenere giustizia.

La morte di un nostro caro non avrà mai un senso, lo capisco bene. Ma questa parola, "giustizia", è stato ciò che mi ha dato la motivazione verso mio Padre, proprio per tenere vivo il suo ricordo e la sua memoria. Quando è venuto a mancare, i primi mesi, sono stati difficilissimi per me.

Il dolore non mi faceva respirare. Ero incazzato con il mondo intero. Non volevo sapere più nulla di nulla. Ma ricoprivo anche il ruolo Padre di un bambino di un anno, di marito, (in quel periodo mia moglie era incinta del secondo genito di appena tre mesi), di figlio verso una donna rimasta vedova, di fratello.

Dovetti farmi forza in un qualche modo. Tutta quella rabbia e frustrazione la incanalai perché mio Padre meritava giustizia e onore. Non poteva finire così, senza che nessuno sapesse.

Infatti, ancora oggi, invito le persone a intraprendere questo percorso come atto dovuto… verso il mondo intero.

Tacendo, infatti, il fuoco dilaniante di morti ingiuste per amianto si espanderà. Sarà utopia la mia, chiamala come vuoi, ma voglio rappresentare quella voce che rende proprio quella giustizia che mio Padre e tanti altri marittimi non hanno avuto, o meglio, che loro hanno volutamente infossato. Voglio rappresentare quell'acqua che, goccia dopo goccia, possa spegnere un incendio ingiusto, immorale, disonesto e ingiustificato nei confronti di vittime innocenti.

Dopo il periodo di elaborazione del lutto, ho deciso che la morte di mio Padre non doveva essere inutile: ho canalizzato tutta la mia vita, il mio sapere, le mie esperienze e le mie emozioni: i responsabili dovevano pagarla e anche a caro prezzo.

Iniziando questo lavoro e perseguendolo ogni giorno, nonostante le difficoltà tecniche, nonostante l'aspetto umano non semplice da gestire e nonostante le emozioni che a volte prendono il sopravvento, voglio ricordare mio Padre così.

Io so che lui è con me tutti i giorni in questa battaglia, ed è ciò che voglio per te: insieme possiamo e dobbiamo pretendere giustizia.

Io ci sono. Sono qui con te. Saremo insieme. Sempre.

Ora permettimi di presentarmi, brevemente e come ho iniziato a voler aiutare le persone che hanno perso i propri cari a causa dell'amianto.

Capitolo 3
Io e mio padre

Ecco, parte della mia storia, anche se qualcosa ho già anticipato, proprio per trasferirti i valori che inseguo e perché si sono modificati, in seguito alla perdita di mio Padre, creando una nuova, vera e propria, missione di vita.

Sono nato a Procida, 45 anni fa, una piccola isola di appena 10.000 abitanti, situata difronte la città di Napoli, assieme alla sua vicina Ischia e a pochi di chilometri da Capri. Un'isola/cittadina formata prevalentemente da marittimi, ossia lavoratori "del mare".

Infatti, anche tutti i maschi della mia famiglia sono stati dei marittimi: i miei zii, i miei cugini e il mio stesso Padre. Per lui è stato motivo di grande orgoglio quando, dopo il servizio di leva militare fatto in Marina, ho scelto gli studi in giurisprudenza, anziché proseguire la carriera, appunto, di marittimo.

Mi ha sempre trasmesso i sacrifici necessari per quel tipo di lavoro, oltre che a viverli io stesso in prima persona: la tristezza di trascorrere mesi e mesi di lontananza dai familiari, l'insofferenza di una cabina di pochi metri che diventa la tua casa, il timore per le repentine e improvvise sfuriate degli "umori" del mare, l'incertezza di ritornare a casa sano e salvo. Tutti sentimenti che si vivono stando a stretto contatto "con" il mare.

Torniamo alla mia storia. Dopo la laurea, nel 2005, ho iniziato praticantato presso uno studio legale tributario, specializzandomi in questa materia. Nel frattempo ho avuto due meravigliosi bambini, nati da un matrimonio felice. Le nostre giornate erano serene. Spesso, le domeniche trascorrevano a casa dei miei genitori, assieme a mia sorella con i suoi di bambini, due.

Era bellissimo incontrarci tutti assieme: si mangiava, si scherzava, si sentiva il profumo del mare; dalle finestre si intravedevano le navi del porto e i cuginetti giocavano felici assieme ai nonni e agli zii. Mio Padre aveva una barca a vela e non di rado, andavamo a fare un giro lungo la costa. Tutto proseguiva nel migliore dei modi sulla nostra isola.

Ma poi arrivò: Dicembre 2009. Mio Padre da un mesetto, appunto dicembre, aveva un abbassamento di voce e la tosse. Pensava fosse il freddo stagionale, quindi non si preoccupò più di tanto.

Il suo amico, nonché medico di base, appassionato di barche anche lui, dalla grande esperienza ed umanità, per le feste lo andò a trovare e... non appena sentì la sua voce, gli volle fare una visita. Gli guardò in bocca e testò manualmente la zona delle ascelle: gli consigliò una visita urgentissima. O meglio dire.

Un ricovero immediato per le condizioni che aveva constatato: sospettava un nodulo che premeva sulle corde vocali. Lui, avendone visti molti di marittimi con la stessa patologia, aveva un sospetto molto più grave.

Il gelo calò sulla nostra famiglia per quella terribile ipotesi. Difatti... purtroppo non finì lì. Su richiesta del medico, andammo immediatamente all'Ospedale di Napoli. I dottori dopo aver fatto i primi accertamenti ci consigliarono di rivolgerci, sempre con estrema urgenza e rapidità, all'Ospedale di Pavia. Per quale motivo Pavia?

L'Istituto IRCCS "Maugeri" di Pavia è specializzato nelle patologie tumorali dovute all'esposizione d'amianto, nato per supportare i lavoratori di Broni, dell'azienda Fibronit.

Difatti, non a caso, risiede proprio vicino la località Broni, in Provincia di Pavia, dove vi era la sede della Fibronit, una grande azienda italiana per la lavorazione di amianto.

Il 4 gennaio lo accompagnai in macchina. In quei giorni non manifestava sintomi "gravi", se non appunto la voce rauca e bassa, ma i medici ci dissero di fare immediatamente tutti gli accertamenti del caso.

Dopo qualche giorno di degenza, parlai con il medico, il quale mi diede un responso, dall'infausta sentenza, senza troppi giri di parole. La diagnosi fu: "Suo Padre ha un lembo tumorale di 8 cm sul polmone e vista sia la dimensione che la zona in cui è non è operabile."

A peggiorare il quadro fu la notizia più triste di tutte: "L'aspettativa di vita di suo Padre è di 4/5 mesi. Mi dispiace."

Sentii la sensazione di svenimento. Ricordo ancora quella scena, come se fosse oggi. Quel medico, il primario, non riuscivo mai a incontrarlo o a trovarlo per parlargli direttamente. Un giorno, per caso, lo vidi in ascensore e la presi al volo.

Chiesi delucidazioni e mentre lui sentenziava la vita di mio Padre, con la voce triste, ma con il distacco dovuto al ruolo che ricopriva, mi dovetti appoggiare alle pareti dell'ascensore. Le gambe iniziarono a tremare: ebbi un mancamento. La terra sotto scomparve. Un caldo atroce s'impossessò della mia testa e del mio corpo. Persi la cognizione di dove fossi e chi fossi.

Il cuore batteva a mille e non dava cenni a calmarsi. Lo sentivo palpitare nelle tempie. Avevo solo senso di svuotamento, tant'è che il medico stesso si preoccupò del mio di benestare. Si aprirono le porte. Dopo essersi assicurato che stessi "meglio", mi salutò e scese. Io rimasi inerme. Ad oggi, non so ancora per quanto tempo.

Ero appoggiato di peso alla parete e guardavo la luce dell'ascensore, in trans. Entravano e uscivano persone, mentre io non avevo più pensieri, né emozioni né tanto meno il contatto con me stesso. Ero scollegato dal mio corpo.

Non so quanto tempo passai in quello stato. Ricordo che una signora mi chiese se avessi bisogno di aiuto, tanto era bianco il mio viso. Cercai di farmi forza, la ringraziai, ma giunse il momento di uscire da quella maledetta ascensore. Non so in quale piano. Scala dopo scala, corridoio dopo corridoio, trascinandomi e come se fossi uno zombie, metro dopo metro, arrivai nella stanza di mio Padre.

Ci guardammo negli occhi: capii tutto immediatamente. Ci abbracciammo e piansi ininterrottamente per decine di minuti. Era lui che dava la forza a me. Un Padre meraviglioso, dai forti e spessi valori familiari e di vita, una roccia, una potenza: nonostante tutto era lui a sostenere me.

Restammo ancora lì un paio di giorni poi rientrammo a casa. Il viaggio in macchina proseguì come una sorta di film con le scene in bianco in nero, di quelli muti, senza espressioni, senza poter dire o fare nulla. La realtà era quella e la stavamo portando a

Procida. Difatti, decisi di non dire nulla al telefono né a mia madre, né a mia sorella. Attendemmo di arrivare a casa e dirglielo di persona.

Le loro reazioni furono di estremo dolore, quanto le mie: come ho raccontato siamo una famiglia molto unita; puoi immaginare anche tu il tipo di sofferenza. Ma l'unica cosa che potevamo fare era darci supporto l'un l'altro.

A distanza di un mese, tornammo a Pavia, ancora per qualche giorno. Rispetto la prima volta in cui mio Padre venne sottoposto a tutte le procedure per capire l'entità della malattia, questa volta iniziò la terapia, la chemio terapia, atta a non risolvere, ma per tamponare un male che ormai stava diventando dilaniante.

Tornammo a casa: il viaggio fu in aereo. Le sue condizioni stavano già drammaticamente peggiorando: non avrebbe affrontato tutte le ore in macchina. Il decorso in casa fu doloroso per lui fisicamente, per noi emotivamente.

Dopo un altro mese tornammo all'Istituto Maugeri per sottoporgli un ulteriore terapia come la prima. E ancora, tornammo a casa. Poi ci fu l'ultimo ricovero a distanza di qualche giorno. Proprio durante il viaggio di andata, vissi una scena che mi rimarrà impressa per tutta la vita. Questa volta optammo per la macchina.

Mio Padre doveva andare in bagno. Ci fermammo all'autogrill, quelli con il senso obbligato per andare alle toilette, che erano in fondo rispetto all'entrata, dopo aver fatto tutto il giro internamente. Lui, era così debilitato che entrammo "al contrario", dall'uscita, perché non riusciva a fare quei soli 20 passi che avrebbe dovuto fare.

Lì, in quel momento, capii e razionalizzai che stava finendo davvero. Forse fino a quegli attimi, nonostante tutto, ancora mi sembrava di vivere in un sogno, cioè in un incubo: la realtà era ancora lontana. In quell'autogrill, mentre tenevo mio Padre sotto braccio, la realtà diventò concreta.

Arrivammo a Pavia, con un viaggio infinito, per l'ultima terapia. Sì, perché dopo esser tornati a casa, a distanza di qualche giorno, mio Padre se ne andò. Quando rientrammo a Procida, dopo un paio di settimane, mio Padre volò in cielo, assieme ad altri angeli, avvolto dalle mura della sua casa e dal calore della sua famiglia: Il giorno 10 Maggio 2010.

Dalla diagnosi alla sua perdita passarono solo 5 mesi. E oggi, 10 Maggio 2021, questo libro viene pubblicato nella stessa data, in onore dell'anniversario del suo lascito da questa vita terrena, dopo 11 anni.

Affrontammo, come potemmo nel migliore dei modi, io e la mia famiglia la sua perdita. Razionalmente non è possibile accettare il lutto di un uomo così buono, ancora giovane, sempre allegro, dall'immensa voglia di vivere e dedito alla sua famiglia; ma non c'era altra soluzione, né via percorribile.

Al funerale vi parteciparono moltissimi dei nostri compaesani, (abitando in una piccola isola ci si conosce un po' tutti, e quella tragica perdita fu un lutto per l'intera cittadina) tanti suoi amici intimi e non solo.

In parte, la forza per affrontare quella perdita mi venne data da così tanta vicinanza e solidarietà, ma in particolar modo, da mio figlio, che in quei tempi aveva appena un anno e mia moglie era incinta del secondo, di appena tre mesi. Mio Padre non fece in tempo nemmeno a sapere il sesso del nipotino in arrivo.

Quando hai la responsabilità di un figlio (due) devi necessariamente trovare le risorse, anche se una parte del tuo cuore è caduta in mille pezzi per l'estremo dolore. La vita iniziò necessariamente ed inevitabilmente a scorrere, tra alti e bassi, in particolar modo per mia madre. Io e mia sorella abbiamo fatto e facciamo ancora oggi di tutto per non farla sentire sola. La tradizione delle domeniche in famiglia e le passeggiate al molo le portiamo avanti tutt'ora.

Passarono i giorni e i mesi. I primi molto lentamente, ma poi una nuova routine, inevitabilmente, pian piano si è affiancata nelle nostre vite, fino a prenderne il possesso.

Proseguivo nel mio lavoro, ma qualcosa dentro di me, dopo il primo periodo di elaborazione di un lutto così drammatico, non mi quadrava. In tutta questa storia c'era qualcosa di irrisolto. Dentro di me si facevano strada molti pensieri, di certo non positivi.

"Mio Padre è morto. È morto per un tumore al polmone. Il tumore è dipeso dall'amianto. Amianto. Amianto. Amianto."

Questa parola mi dava il tormento. Mi risuonava continuamente in testa, fino a che un giorno, incappai "per caso" in una pagina su Internet che parlava proprio dell'amianto.

Ho iniziato a fare ricerche su ricerche. E più cercavo, più entravo in un pozzo, all'apparenza, senza fondo. Passavo le notti a leggere, a informarmi e a cercare dati. Mi venne in mente, o meglio la mia attenzione arrivò, anche al caso di mio zio: era morto per lo stesso motivo.

Scoprii che amici di mio Padre, alcuni anche suoi colleghi, ebbero la stessa triste sorte. Attorno a me iniziai a notare che tutti quegli uomini, poveri uomini, erano deceduti per lo stesso motivo e che facevano lo stesso lavoro. Qualcosa doveva esserci.

Mi si aprii la mente, con una consapevolezza, tanto amara ma allo stesso tempo illuminante: "Questa è stata una vera a propria strage dovuta all'amianto". La categoria dei marittimi è stata vittima dall'amianto.

Uno scossone che mi fece sobbalzare dalla sedia.

"Maledetto amianto! Ma di più, chi ha permesso tutto questo". Così arrivò il momento decisivo. Morti, tumori, polmoni, Eternit, fibra cemento, particelle, responsabilità, leggi, mesotelioma: tutte parole che ormai perseguivo, erano diventate più di un'ossessione. Ma quella che diede la vera svolta, fu: rimborso per le vittime di amianto.

Scoprii che era possibile richiedere un risarcimento economico: si possono far valere dei diritti per la morte di un proprio caro, dovuto al tumore dal contatto di amianto, sul posto di lavoro, appunto come i marittimi. Scoprii che, ad oggi, sono due i tipi di rimborsi che è possibile richiedere, e uno non esclude l'altro. Nel prossimo capitolo te li illustrerò nel dettaglio. Prima consentimi di dedicare qualche pagina a mio Padre, raccontandoti di Lui, dapprima da parte mia, poi dagli occhi di mia sorella, Mariagrazia, più piccola di me di 4 anni.

Mio padre era solare, sempre allegro, con estrema gioia e voglia di vivere, dai molteplici interessi. Ogni volta che partiva eravamo tristi, ma sapevamo che prima o poi sarebbe rientrato, solo per noi. Il giorno del suo arrivo, andavamo, mia mamma, mia sorella ed io a prenderlo in aeroporto, proprio per vedere il momento in cui scendeva dalla scala dell'aereo e che sbucasse dalla porta scorrevole degli arrivi.

Eravamo curiosi di sapere con quale nuova acconciatura si sarebbe presentato a noi: era entusiasta, adorava farci molteplici sorprese, con regali, souvenir o oggetti particolari dagli svariati posti nel mondo che visitava. A volte arrivava con i capelli lunghi altre con la barba incolta o i baffi. Era così: sempre in movimento, non solo nella vita, anche nello spirito. Per noi le emozioni di rivederlo e riabbraccialo erano fortissime.

Quando era a casa ci dilettavamo ad andare a pesca, a fare sub o a barca a vela, insieme. Ci coinvolgeva sempre. Aveva mille hobby, passioni e amicizie. Era amato e stimato, dagli amici e parenti, finanche dai nostri compaesani. A Procida ci si consce un po' tutti.

Con noi il rapporto era straordinario, con mia mamma aveva un matrimonio da favola: eravamo proprio la tipica famiglia alla "Mulino Bianco".

Con Rita, mia madre, si sono fidanzati che lui aveva 14 anni, lei appena 13. Sono stati insieme, in pratica da tutta la vita, erano innamoratissimi, dalla fiducia e stima reciproca più unica che rara.

Michele, nato e cresciuto a Procida, non ne voleva sapere di studiare, ha iniziato a lavorare prestissimo, facendo diversi lavori tra cui il macellaio, il pizzaiolo, il commesso. A 14 anni, iniziò come marittimo sulle navi. Per poter fare carriera nel settore era necessario prendere il diploma.

Mia mamma lo aiutò, attraverso le scuole serali da privatista a fargli frequentare le classi superiori e, quindi a conseguirlo, persino con ottimi risultati: da semplice operaio motorista fece la scalata, diventando dapprima Allievo di macchine, poi terzo Ufficiale, poi secondo Ufficiale, primo Ufficiale ed infine, raggiunse la qualifica di Direttore di macchine.

Tutta la sua vita l'ha dedicata al mare, infatti, andò in pensione dopo un servizio marittimo durato 40 anni, e a soli 24 mesi dal pensionamento, arrivò la triste e irreversibile notizia. Il resto è storia. È riuscito a conoscere solo la mia primo genita e il primo genito di mia sorella. Del mio secondo figlio non ha saputo nemmeno il sesso, perché mia moglie era appena rimasta incinta quando ci lasciò.

Invece il secondo di mia sorella arrivò dopo la sua perdita. Il mio era un maschietto e lo chiamammo Michele, proprio in suo onore. Ora, passo la parola a mia sorella, Mariagrazia. "Chi era mio padre?"

Mio padre era un uomo bellissimo: aveva la carnagione olivastra, occhi scuri e, quasi sempre, due grossi baffi. Ricordo ancora quando, da piccola, li tagliò: ho pianto tantissimo, non riconoscevo più il mio papà. Alto e robusto, non credo di averlo mai visto in disordine: amava vestire e presentarsi bene, per sé e per gli altri. Sempre profumato e in forma.

Postura eretta e con il sorriso stampato in faccia. Gli piaceva stare in mezzo alla gente, raccontare le sue esperienze, guarnendole di barzellette: era un vero e proprio "show man", come lo definiva mia madre. Era sempre disponibile con tutti, amava aiutare gli altri senza voler ricevere nulla in cambio; amici, semplici conoscenti o persone di famiglia: non faceva alcuna differenza per lui.

Il suo lavoro sulle navi ce lo portava via per mesi: Africa, Giappone, Golfo Persico, America e tantissimi altri posti in giro per il mondo. Il momento più bello, per noi, era quando, dopo mesi di attesa, mamma ci portava, a me e mio fratello, all'aeroporto di Capodichino.

La sensazione che provavo quando vedevo la sua sagoma dietro i vetri non riesco quasi a descriverla a parole: ero emozionatissima, il cuore mi batteva a mille, le gambe mi tramavano senza volerlo... urlavo e saltavo dalla gioia. Ricordo il viso di mia madre in lacrime e le sue mani che sudavano. I baci, gli abbracci, i nodi in gola, tutti e quattro assieme: una felicità unica.

Mio padre aveva davvero tantissimi svaghi e passatempi, ma in particolare una grande passione: la barca a vela. La sua barca era per lui la sua più grande isola felice, dove poteva dimenticare gli affanni della vita, apprezzare l'armonia e la pace che solo qualche ora in mezzo al mare può regalare.

Quante volte mi ha portato con sé, volendo condividere questo amore anche con me e mio fratello. Adesso, da adulta, ho capito ancor di più, quanto quei momenti fossero importanti e speciali per lui. Solo un mese prima di sapere della sua malattia, siamo andati con alcuni amici fino in Francia, per consegnare una barca a vela. Lui era il mare. Il mare era lui.

Testardo come pochi, con un animo buono e uno spirito giovanile, dal sorriso e dalla buona parola sempre e per tutti. Per il mio matrimonio fece la dieta, perdendo 10 chilogrammi.

Era bello come il sole, emozionato e fiero. Il suo regalo di matrimonio? Prese a noleggio, all'insaputa di tutti, una grande barca a vela per raggiungere il ristorante dall'altra parte dell'isola, al posto del classico corteo di auto: un'esperienza unica e rara.

Ecco cosa mi ricordo di mio padre: la sua immane voglia di vivere, di sorprenderci sempre e di renderci felici.

Capitolo 4
La procedura di risarcimento

In questo capitolo voglio spiegarti bene, passaggio dopo passaggio, come avviene la richiesta per ottenere un ritorno economico per vittime e/o malati a causa del contatto con l'amianto.

Premetto che si possono intraprendere due strade, ognuna delle quali non esclude l'altra, nello specifico:

- In Italia tramite l'Inail, come malattia professionale.
- In America, richiedendo un indennizzo direttamente agli armatori statunitensi delle navi sulle quali hanno lavorato i marittimi.

Entrambe le puoi fare appunto tramite me, come esperto della materia, in quanto mi occupo solo di questo.

Dopo aver fatto la scoperta, che appunto le famiglie possono ottenere un risarcimento per la perdita dei propri cari, vittime dell'amianto, tra cui mio padre, sono 10 anni che la mia vita è dedicata solo a questo. Vediamole ora le procedure nel dettaglio.

Indennizzo tramite INAIL.

L'Inail indennizza i danni provocati dalle malattie professionali prevedendo prestazioni di carattere economico, sanitario e riabilitativo. Dal punto di vista economico l'Inail eroga, in caso di malattia professionale, le seguenti prestazioni principali:

- Una rendita per la menomazione dell'integrità psicofisica (danno biologico) e per le sue conseguenze patrimoniali;
- Una rendita ai superstiti.

Vediamo cosa si intende per malattia professionale: è una patologia la cui causa agisce lentamente e progressivamente sull'organismo del lavoratore. La lentezza con cui la malattia professionale logora sul corpo dello stesso la distingue dall'infortunio che, invece, è costituito da una causa violenta e concentrata nel tempo.

Si pensi ad un incidente sul lavoro che determina, ad esempio, la perdita di un dito del piede. In questo caso, la lesione della salute dell'organismo del dipendente non è lenta e progressiva, ma è determinata da una causa, per lo più, accidentale e immediata. In questo caso si parla, dunque, di infortunio.

Pensiamo, invece, al caso di un marittimo che lavora su una nave di proprietà di un armatore in cui è presente amianto. L'inalazione delle fibre di amianto produce una lesione continuativa nel corpo del marittimo, che può condurlo ad ammalarsi, come di un particolare tumore polmonare, detto mesotelioma pleurico. In questo caso, l'organismo viene leso in modo graduale, silente e crescente: questa è una malattia professionale.

La procedura nei confronti dell'Inail inizia con l'istanza di riconoscimento come malattia professionale se il marittimo è ancora vivente, altrimenti con la richiesta va fatta dai familiari del lavoratore deceduto a causa di questa, al fine di ottenere una prestazione economica, denominata rendita ai superstiti.

Il presupposto fondamentale è che il decesso del lavoratore assicurato sia stato conseguente alla malattia professionale (tra i due eventi deve sussistere, quindi, un nesso di causalità diretta, comprovata dai diversi accertamenti).

Una volta presentata la richiesta all'Inail, l'ente ha un determinato periodo di tempo per accertare, tramite un'istruttoria specifica, se il lavoratore ha ragione o meno nel vantare questo diritto oppure se i suoi familiari possono attivarlo.

In seguito, l'Inail stessa accoglierà l'istanza oppure la rigetterà. Nel primo caso, l'iter è terminato e il lavoratore oppure i superstiti, godranno di una rendita per tutta la vita. Al contrario, in caso di rigetto potrà essere presentata un'opposizione amministrativa, anch'essa soggetta ad una valutazione di accoglimento oppure di rigetto, sempre da parte dell'Inail.

Nel caso che anche tale opposizione venga rigettata, si potrà presentare un Giudizio in Tribunale e battersi per ottenere giustizia.

Richiesta di risarcimento direttamente all'armatore.

Questa procedura è una richiesta di risarcimento danno al datore di lavoro. Quando il datore di lavoro è di nazionalità italiana, segue le regole del Codice Civile Italiano. Nel caso che il marittimo avesse navigato con armatori statunitensi, allora è possibile applicare il diritto della nazione di origine dell'armatore.

Quando ho realizzato che mio Padre è stato vittima dell'amianto e di negligenza di armatori senza scrupoli, precisamente avendo navigato per anni con quelli statunitensi, mi feci solo una domanda: "Come posso chiedere un risarcimento a queste compagnie per la perdita di mio Padre, nonostante siano straniere?"

Fu in quel momento che, grazie alla mia estrema forza di volontà, cercai e trovai il modo di ottenere giustizia.

Sì, perché per me attivarmi per questa procedura, non si è trattato del mero aspetto economico, ma per un motivo superiore a tutto: fare giustizia nei confronti dei lavoratori vittima di un tale sopruso.

Come ti ho già detto, loro, le compagnie, sapevano dei pericoli dell'amianto, ma hanno fatto finta di niente, giocando con la vita delle persone, compreso mio Padre, solo per il proprio tornaconto economico.

Oggi è giusto così, e così dovrà essere. Io mi batterò fino al resto dei miei giorni, perché venga data voce ai familiari dei lavoratori, ignari, di tutto quello che, dopo anni, gli sarebbe successo, e fargli riavere la propria dignità.

Dopo notti passate a studiare, io e il mio socio di studio abbiamo avuto, come nostra prima esperienza sul campo, proprio il caso di mio Padre. In Italia, in quel momento c'erano solo due colleghi che trattavano tale materia: uno a Milano ed uno nelle mie zone qui in meridione. Questo fu il mio prescelto, vista la vicinanza territoriale.

Dopo una serie di procedure ottenemmo l'indennizzo per mio Padre, sotto forma di risarcimento. Da lì, mettemmo in campo una serie di accordi transattivi con i diversi armatori, dapprima per le persone più vicine a me: per i miei cugini, per i miei zii e per i miei conoscenti di Procida. A seguire, anche per uomini, ex-marittimi provenienti da tutta Italia. Ormai avevamo acquisito il metodo e successivamente arrivò un'enorme mole di lavoro.

Oggi, voglio aiutare le persone che hanno perso una persona cara, ma che non sanno che a causa dell'esposizione all'amianto, possono ottenere un ristoro per un dolo commesso da altri.

Di tumore da amianto, purtroppo si muore ancora e ancora e, sottolineo che questa è una malattia professionale e, in quanto tale, si può ottenere un indennizzo economico dalle compagnie proprietarie di navi con amianto: voglio aprire le coscienze delle vittime a questa opportunità.

Dopo la prima esperienza favorevole per mio Padre e per i parenti e conoscenti stretti, mi sono chiesto: "Adesso come posso arrivare, non solo tramite al passaparola a queste persone, replicando lo stesso processo?"

Così l'idea, ho compiuto un passo ulteriore: ho creato un'Associazione internazionale, che si occupa a tutto tondo del tema amianto.

A.P.I.N. - Asbestos Personal Injury Network – Vittime Amianto - Onlus, con sede a Procida con lo scopo di sensibilizzare più persone possibile, facendogli scoprire che possono ottenere giustizia, di cui ti parlerò, nello specifico, nel prossimo capitolo.

Anche se si tratta di sola giustizia economica, visto che mai nessuno ci riporterà indietro i nostri cari, voglio fare in modo che i responsabili vengano condannati al risarcimento delle vittime, causate dalla loro smania di business.

Qui di seguito, voglio raccontarti nel dettaglio come avviene la procedura. Molte persone sono "spaventate", pensando che sia un iter difficile e "impossibile", in particolare se gli armatori sono stranieri. Certo è impegnativo, ma fattibile. Voglio rassicurarti sul fatto che, soprattutto per me che sono anni e anni che svolgo questo mestiere, è diventato questo il mio pane quotidiano.

Ne mastico costantemente, imparando di volta in volta, di anno in anno, anche tutte le sfumature che si possono presentare. Probabilmente è più difficile l'aspetto emotivo rispetto a quello tecnico: ma, avendolo passato per primo, oggi posso "sostenere" le persone, anche grazie all'Associazione, proprio da questo punto di vista. Vediamo come si procede, azione dopo azione.

Dopo essere stati contatti dal lavoratore oppure con da un suo familiare, ci facciamo conoscere personalmente. Ci rechiamo, quindi, presso l'abitazione nel caso in cui il marittimo fosse già troppo provato dalla malattia, altrimenti viene lui nel nostro studio per un primo incontro. Se la persona interessata fosse già deceduta, i nostri riferimenti sono gli eredi.

In tale sede, assumiamo tutte le informazioni preliminari relative al caso, per valutare se lo stesso sia processabile. Quindi, condividiamo tali nozioni con il nostro partner negli Stati Uniti, facendo degli incontri anche con lui e sottoponendogli il tutto.

Da qui si arriva ad una conclusione: se ci sono gli estremi adatti per depositare un giudizio presso la una corte statunitense, si procede. Altrimenti nulla è dovuto a nessuno.

Una volta constatato esserci l'effettiva possibilità di procedere contro l'armatore statunitense, raccogliamo dal lavoratore se vivente, oppure da suoi colleghi di lavoro o parenti se fosse deceduto, quanti più dati possibili sia sulla sua storia lavorativa e personale che su quella medica.

Dopo aver preso in carico i fatti, si passa a redigere il ricorso, ordinando appunto in ordine cronologico il tutto. Vengono poi avvisate le controparti, con cui viene edotto che un lavoratore, nostro assistito, ha proceduto a fare una causa di risarcimento danni nei loro confronti.

Iniziano delle deposizioni ufficiali del lavoratore oppure dei suoi colleghi o parenti: il tutto viene svolto in Italia, dattiloscritto e registrato, sia su supporto audio che video. Una volta conclusa questa fase, inizia la trattativa per ottenere l'accordo transattivo con la compagnia.

In pratica, dopo aver raccolto le testimonianze e le prove del caso assieme al cliente, che seguiamo di volta in volta e di persona in tutto ciò che è necessario, si scrive sia all'azienda madre che al Tribunale americano, la richiesta di risarcimento, intimandoli persino di arrivare in giudizio, qualora non si trovi un accordo tra le parti.

La compagnia sarà obbligata a contattarci per darci risposta e in forma privata, senza la presenza del Giudice, faremo una mediazione, in forma "online" dall'Italia, a casa del cliente o presso il nostro studio o in un ufficio altrui, affittato per qualche ora uno spazio, ossia dove è più congeniale e comodo per il cliente. Tutto questo avviene a distanza, tramite i moderni sistemi di videochiamata a distanza.

Nella videochiamata partecipano: il nostro partner Avvocato di riferimento, presente materialmente lì in America, noi come Avvocato difensore in Italia, il nostro cliente o i suoi eredi e gli Avvocati della controparte.

Si procede con una serie di domande, con la raccolta delle prove, delle testimonianze e con i relativi controinterrogatori. Viene tutto registrato e dattiloscritto, per la formalizzazione di tutto il materiale.

Poi ciascuna parte studia tutte le prove condivise e raccolte. In base a quanto emerso, anche dalla controparte, procediamo alla nostra richiesta di risarcimento danni.

Tale istanza, non viene fatta a "caso", ma sullo studio di molteplici fattori emersi dalla raccolta dati, come ad esempio l'età del malato, o di quella da vittima, l'aspettativa di vita, le cause effettive, la famiglia, etc.

Nel 99% delle trattative, si arriva all'accettazione da parte dall'azienda. È un accordo che viene fatto, non prevedendo l'intervento del Giudice, proprio perché si risolve prima di arrivare a Lui, in Tribunale.

In questo la legge americana è diversa da quella italiana: si prevede una transazione tra le parti, senza l'intervento del Tribunale.

Caso in cui la controparte non accettasse la nostra richiesta (in pratica, mai successo!) sarebbe il Giudice o la Giuria a definire l'eventuale importo del risarcimento.

In queste pagine ti ho raccontato il mio nuovo scopo di vita. Lo so che mio Padre non tornerà più in vita, né ci sarà mai nessuna somma economica che possa compensare la sua perdita, ma battendomi in onore della sua dignità e di quella di altri lavoratori come lui, sono certo che lui da lassù sia orgoglioso di me e di quello che sto facendo.

La sua eredità più importante per me è stata questa: trarre un insegnamento da una perdita tanto dolorosa e coglierne la possibilità di aiutare e tutelare chi ha contratto una malattia così infida, come quella che lo ha portato via da me e dalla mia famiglia.

Nel prossimo capitolo, ti presento la Fondazione "A.P.I.N." nel dettaglio, di cui sono il Presidente fondatore, e delle motivazioni, nello specifico, della sua creazione.

Capitolo 5
La Fondazione A.P.I.N

Tramutare il dolore in forza per condurre le battaglie, le proprie e quelle degli altri.

Questo il Claim della Fondazione A.P.I.N., di cui sono il Presidente fondatore. Come hai inteso, capita purtroppo che eventi traumatici condizionino il resto della nostra esistenza. Avviene che una parte della nostra vita diventi lo spunto per qualcosa di più grande, un motore che ci spinga con una forza propulsiva al di fuori del nostro contesto personale, per approdare ad una sfera pubblica, passando dal particolare all'universale.

Difatti dopo circa un anno, dalla morte di mio padre, ho fondato un'Associazione internazionale, che si occupa a tutto tondo del tema amianto.

A.P.I.N. - Asbestos Personal Injury Network – Vittime Amianto - Onlus, ha sede a Procida con lo scopo di sensibilizzare più persone possibile circa i pericoli derivanti dall'esposizione all'amianto, facendogli anche scoprire l'opportunità che possono ottenere giustizia, rivendicando il loro diritto ad ottenere un rimborso.

Inoltre, con i miei stessi occhi, ho constatato che troppe persone non hanno le facoltà economiche di permettersi le cure, di spostarsi nelle città ove ci sono gli ospedali migliori per le terapie. Proprio per questo, attraverso l'Associazione vogliamo contribuire ad aiutare tali famiglie, che magari non hanno la capacità di sostenere tutti questi costi.

Visto che già stanno subendo un'atroce sofferenza, vogliamo in un qualche modo dar loro sollievo, sostenendoli per le trasferte, vitto e/o alloggio. Voglio fare un breve riepilogo sulle malattie correlate all'amianto perché è un aspetto davvero importante.

L'inalazione delle polveri di asbesto può favorire l'insorgere di diverse patologie amianto-correlate, in generale caratterizzate da un lungo periodo di latenza, ossia da un intervallo di tempo tra l'inizio dell'esposizione e la comparsa della malattia stessa.

Asbestosi

È una malattia respiratoria cronica legata alle proprietà delle fibre di asbesto di provocare una cicatrizzazione (fibrosi) del tessuto polmonare; ne conseguono irrigidimento e perdita della capacità funzionale. Le fibre penetrano con l'aria attraverso la bocca ed il naso, procedendo poi lungo la faringe, la trachea e i bronchi fino ad arrivare agli alveoli polmonari.

Molti studi riferiscono che la pericolosità delle fibre di asbesto è legata alle sue dimensioni: è di diametro molto piccolo ed una lunghezza superiore ai cinque millesimi di millimetro. È stato dimostrato che una parte dell'asbesto che viene respirato non riesce ad essere espulsa e resta negli alveoli, dove provoca un'irritazione (alveolite): sembra che questo sia il primo passo per l'instaurarsi di lesioni cicatriziali, quindi di una vera e propria asbestosi.

La quantità di asbesto che resta intrappolata nei polmoni è direttamente proporzionale a quello inalato, e dunque all'intensità e alla durata dell'esposizione. L'asbestosi è pertanto, a tutti gli effetti una malattia professionale, in cui esiste una stretta correlazione fra "dose" inalata, sui luoghi di lavoro in cui era presente, e "risposta" dell'organismo.

Mesotelioma

Colpisce la pleura polmonare o il peritoneo, ma può riguardare anche altri distretti corporei (pericardio, tunica vaginale e del testicolo). È una cosiddetta lesione "patognomonica", cioè tipica dell'esposizione ad amianto. Sono conosciute solo altre due cause di mesotelioma: esposizione ad erionite (una fibra minerale presente in natura in Cappadocia) e trattamenti terapeutici con inoculazione di sostanze radianti direttamente nella pleura.

Il mesotelioma costituisce, quindi, una delle poche forme tumorali di cui si ha una sostanziale certezza eziopatogenetica: ossia la causa di insorgenza di questo tumore, dalla prognosi quasi sempre infausta, è attribuibile pressoché interamente all'esposizione alle fibre di amianto.

Tumori del polmone e/o di altre sedi

Il cancro del polmone (carcinoma bronchiale) è la patologia tumorale amianto-correlata di gran lunga più frequente. Numerosissime indagini epidemiologiche hanno dimostrato un incremento dei tumori negli esposti all'amianto, anche a danno di esofago, stomaco, colon-retto, laringe, faringe, bocca, rene e ovaie. Qualche sospetto ci sarebbe anche sul tumore della vescica. In termini di incidenza, il problema dei tumori dell'apparato respiratorio è più rilevante di quello dei mesoteliomi.

Placche pleuriche asbestosiche

Rappresentano un reperto radiografico privo di conseguenze funzionali negative. Costituiscono, però, una prova dell'esposizione all'amianto, spesso misconosciuta. Per questo consiglio di rivolgersi al medico per fare gli accertamenti necessari, quanto meno radiologici, se si fosse stati esposti all'amianto, nel decorso della propria vita.

Fatto un breve ripasso sulle malattie che l'amianto può causare, torniamo all'Associazione: si posiziona come portatrice degli interessi di tutte le categorie di lavoratori, in special modo quella dei marittimi, nonché dei comuni cittadini, colpiti dai devastanti effetti del pericoloso minerale.

A.P.I.N. nasce per mantenere alta l'attenzione dell'opinione pubblica sul problema amianto e vuole essere una sentinella a tutela delle vittime e dei loro familiari. Ad oggi, ha già seguito centinaia di casi, in continua crescita, peraltro ponendosi come punto di riferimento per tale tema.

Ecco qualche numero: 5.784 iscritti, 107 interventi, 226 giudizi e 652 accordi stragiudiziali, oltre a molteplici convegni che organizziamo in tutto il territorio Nazionale e non solo, allo scopo di sensibilizzare le persone in questo senso.

Con l'aiuto di esperti e avvocati, vogliamo divulgare sia i danni alla salute che produce l'amianto, che come abbiamo visto, sono nocivi per il corpo umano, che tutte le possibili modalità di risarcimento per i lavoratori che abbiano contratto malattie asbesto correlate.

Vuole raggiungere sia coloro che hanno contratto patologie nell'ambito della propria attività lavorativa, quindi esposizione professionale, che gli ammalati per esposizione ambientale.

Perché è importante questo? Per creare un precedente. Tanto è vero che le sentenze sono importanti, non soltanto perché coronano la battaglia di essere umani, che si sono dovute scontrare per decenni contro il muro eretto dalle istituzioni intenzionate a disconoscere il loro diritto a vedersi risarciti, ma anche perché segnano l'avvento di una nuova, tristissima stagione. Per molti anni, soprattutto nel settore marinaro, la vicinanza con l'amianto è stata una sorta di tabù.

I lavoratori esposti sulle navi sono stati trattati, per certi versi, come malati di serie B. Gli armatori non sono mai stati tenuti, come invece gli imprenditori di altri settori, a versare all'Inail il premio per l'esposizione dei lavoratori a materiali contenenti amianto.

Il risultato è che, per gli organismi previdenziali e per gli enti assicurativi contro gli infortuni sul lavoro, di fatto i lavoratori imbarcati hanno cominciato ad esistere solo dopo decenni dal momento in cui hanno preso coscienza dei reali rischi che correvano.

Che fossero lavoratori a rischio ci si è accorti solo quando si sono effettivamente ammalati e, in maniera molto grave, talvolta irreversibile per la maggior parte, e comunque solo grazie all'intervento di un Giudice esterno. Nessuno ha potuto ottenere, in via cautelativa, di essere destinato ad altra mansione, così come accaduto per altre categorie professionali, lontana dalla fonte di contaminazione.

Da qui, la nascita di A.P.I.N., che è riuscita a mettere in contatto centinaia di persone con i professionisti del settore, siano essi medici, avvocati dall'indiscussa serietà e professionalità. Nello specifico, l'Associazione ha anche lo scopo di creare sinergie tra tutti i soggetti che, per motivi diversi, si interessano delle problematiche legate all'amianto. In particolar modo con:

- Avvocati che, grazie la propria opera intellettuale, possano trovare le strade migliori per ottenere i risarcimenti spettanti di diritto sia alle vittime che ai loro cari;

- Strutture ospedaliere, centri diagnostici e personale medico specializzato, sia per attuare campagne di prevenzione con controlli periodici per tutti i soggetti a rischio, che per assistere la persona colpita da una malattia asbesto correlata, sin dalla prima manifestazione dell'affezione con la massima accuratezza, tempestività e, in particolar modo, dovuta sensibilità;

- Centri d'ascolto che possano preparare le famiglie alla perdita del proprio caro, in quanto le malattie asbesto correlate vengono definite "patologie da esito infausto";

- Aziende che si occupano della bonifica dell'amianto, stilando un elenco tra tutte quelle che si distinguono per correttezza e professionalità, allo scopo di stipulare convenzioni per contenere il costo ancora troppo alto e, purtroppo, spesso interamente a carico dei privati cittadini.

A.P.I.N. si batte, inoltre costantemente, affinché le istituzioni intervengano con normative dirette ad attuare censimenti e bonifiche delle aree tutt'oggi ancora interessate dalla collocazione di strutture in amianto, nonché proporre leggi più chiare a tutela delle suddette categorie, al fine di limitare gli effetti di questa silenziosa strage.

A.P.I.N. si pone degli obiettivi ben precisi, che restano oggi ben saldi, a distanza di anni dalla sua fondazione, tra cui diventare un vero e proprio punto di riferimento per tutto quanto concerne il tema amianto.

A.P.I.N. ha iniziato il proprio percorso, facendo i primi convegni a Procida, a Pozzallo, a Napoli, e poi in tutta Italia, per poi passare ai primi accordi stragiudiziali negli Stati Uniti e le prime cause di malattia professionale in Italia contro l'INAIL.

Su una strada non facile, fatta di silenzi e disinformazione, ma con finalità ben precise, A.P.I.N. ha creato e continua ad ingrandire un network fatto di collaborazioni e professionisti. Ad oggi, conta oltre 10 sedi, dislocate in diverse città Italiane, oltre ad una a Berlino. La visione è quella di espandersi in tutto il territorio nazionale ed internazionale.

Una delle ultimissime mete ambiziose e con lo scopo più nobile, è quella di costruire o rilevare degli alloggi, proprio in prossimità delle strutture ospedaliere specializzate nel trattamento di malati causati dall'amianto, a favore delle famiglie dei malati.

Era un sogno di mio padre. In uno dei suoi ricoveri, alloggiammo presso uno degli appartamenti rilevati da un Onlus, proprio per permettere alle famiglie meno abbienti di stare a stretto contatto con il proprio caro malato. Sono strutture collocate in prossimità dell'Ospedale, quindi dalla posizione strategica, per le quali vengono offerti alloggi a prezzo simbolico.

Noi andammo per una questione di comodità e di logistica, vista la vicinanza che in quella fase (quella finale) era per noi fondamentale. Il fattore positivo era che quelli sono mini appartamenti e non camere di hotel, fredde e poco accoglienti. Difatti, mi sentii meno "ospite", in un posto più accogliente. Il suo ricovero fu in parte alleviato da parte mia.

Dopo avergli raccontato come mi sentivo, ossia come se stessi in casa mia, mio padre mi disse: "Appena guarirò comprerò degli alloggi anche io da offrire alle famiglie." Il suo desiderio non riuscì a realizzarlo, ma oggi, attraverso l'Associazione, voglio proseguirlo io personalmente: offrire alloggi ad un prezzo "politico", in modo da poter dare sollievo al malato, rassicurandolo sul fatto che la propria famiglia gli è, in pratica, "nella casa accanto".

Inoltre, desidero anche poter dare loro la facoltà di confrontarsi con degli esperti che possono supportare, sia le persone vicine che il paziente, nel percorso verso un "ultimo viaggio", come sostegno psicologico.

Queste sono le carenze che io stesso ho vissuto sulla mia pelle, che una volta colmate non possono cambiare le sorti, ma almeno possono rendere meno "difficile" una situazione, già di per sé drammatica.

Considerate le sole finalità di solidarietà sociale, senza fini di lucro in conformità alla normativa vigente, dal 18 aprile 2013, con provvedimento Prot. Nr. 2013/19842, l'Agenzia delle Entrate Direzione Regionale della Campania ha riconosciuto all'Associazione A.P.I.N. la qualifica di Onlus, quindi vi è possibile donare il 5 per mille in sede di dichiarazione dei redditi.

Come hai capito, oltre al mio lavoro, sono impegnato completamente a perorare e a sostenere con tutte le mie forze le persone e le famiglie vittime dall'amianto.

Nel prossimo capitolo troverai alcuni numeri, nonché case history, rispetto al mio operato in questo ultimo decennio.

Capitolo 6
Case History: oltre 400 casi

Come ho già raccontato, dopo la perdita di mio padre, ho iniziato a dedicarmi completamente ed esclusivamente ad assistere e ad accompagnare le famiglie a richiedere il ristoro dei danni per la perdita drammatica di un loro caro, dovuto all'amianto, in quanto hanno diritto ad un risarcimento.

In questo decennio, abbiamo trattato *400 casi* per clienti provenienti da tutta Italia con esito di accoglimento, ossia, con accordo di indennizzo a favore delle loro parenti da parte delle controparti.

Di queste 400, circa 20 sono stati dei giudizi intrapresi in territorio americano, tutti con esito positivo, conclusi con somme di denaro riconosciute.

Per circa 300 casi, invece, c'è stato l'indennizzo, senza nemmeno porre in essere un giudizio, ma solo facendo un accordo preliminare transattivo con gli interessati. 100 sono stati i giudizi che abbiamo instaurato presso i tribunali civili in gran parte d'Italia.

A seguire, a completezza, ho inserito alcune case history seguite da me personalmente. Per motivi di privacy i nomi sono stati abbreviati.

G.P.: risarcimento di 1.400.000 Dollari
G.P. nasce nel 1934 a Taormina, in provincia di Messina, città che lascia per trasferirsi a Torre del Greco in provincia di Napoli, il luogo in cui ha poi creato famiglia, con sua moglie e con la quale avrà tre figli.

È qui che comincia la sua carriera di marittimo, proprio perché questa terra ha poco da offrire, se non nella risorsa "mare", come unico modo per realizzarsi. G.P. viene portato lontano da casa e imbarcato per lunghi periodi. Trascorre venticinque anni, dedicandosi alle macchine navali, prima come Allievo Capitano, poi come Ufficiale ed infine, come Direttore. G.P. lavora per 23 anni su navi italiane e per poco più di 2 per compagnie petrolifere americane, la Gulf Oil Corporation e la Afran Transport Corporation.

Sono proprio quei due anni, a contatto con l'amianto presente sulle navi statunitense, ad essere decisivi per la sua salute. G.P. si ammala di mesotelioma e, come per tanti altri marittimi come lui, la diagnosi arriva a dopo molti anni, quando il mare e le navi, per lui sono diventati ormai solo un ricordo lontano.

Dopo aver scoperto la malattia, G.P. e la sua famiglia non si lasciano abbattere: incontrano A.P.I.N. e sono decisi a ottenere una parte di giustizia, sebbene consapevoli che nulla possa far tornare G.P. alla salute di un tempo.

Il giudizio viene incardinato, nel giugno del 2020 presso la Corte Superiore della California, a Los Angeles. A causa delle sue condizioni, G.P. ha partecipato a tutte le fasi processuali in videoconferenza da casa, nella sua Torre del Greco. Otto mesi dopo, grazie all'assistenza legale ricevuta a G.P. viene accordata una somma pari a 1.400.000 dollari, come parziale risarcimento della malattia che lo ha colpito proprio in quel luogo che avrebbe dovuto rappresentare sicurezza e realizzazione, il suo posto di lavoro, che invece si è rivelato fatale.

A.P.: una prima parte di ristoro, 1.500.000 Dollari, altra ancora da definire.

A.P. ha trascorso 17 anni sulle navi, due dei quali a bordo della flotta americana della California Transport Corporation, oggi *Chevron*. A.P. nasce a Trapani, inizia nel 1959 come Mozzo e termina nel 1977 come Primo Ufficiale di Coperta. Sceso a terra, la carriera di A.P. prosegue dal 1977 al 2006 con incarichi sempre più importanti, impegnandosi in ruoli decisivi per la sicurezza dell'ambiente di lavoro, in ambito navale e portuale.

Proprio a lui, a cui è tanto cara la salute dei lavoratori, nel 2018 viene diagnosticato un mesotelioma maligno. La causa? Nemmeno a dirlo: l'amianto con cui è venuto a contatto, che rivestiva le navi sulle quali ha lavorato.

Purtroppo, come sappiamo, questa è una malattia che non lascia scampo e della quale A.P. conosce tutti i dettagli: è consapevole che l'esito sarà inesorabile, ma nonostante questo, inizierà la sua lotta per ottenere giustizia, motivato anche del fatto che ha avuto vissuto fino a quel momento una vita piena di soddisfazioni e che gli ha permesso di arrivare anche ad un'età importante.

Nel 2019 parte con l'iter giudiziario che lo vedrà protagonista nella battaglia contro le compagnie che gli hanno drammaticamente cambiato la vita. Il ricorso viene depositato presso la Corte Superiore del Texas, a Dallas. Dall'altra parte della sbarra ci sono la Chevron, compagnia armatrice, e tutte quelle ditte come la Kaylo, Westinhouse, Elliot, Exxon, FMC Corporation, Foster Wheeler, Babcock & Wilcox, Chesterton, Garlock, Buffalo, General Electric ed Ingersoll-Rand, Bell & Gosset, ciascuna delle quali citate in giudizio, in quanto responsabili degli allestimenti a bordo delle navi fatti di amianto.

Dopo le contestazioni di routine, tra febbraio e marzo 2019, si tengono delle video-deposizioni, in circa 10 giorni.

Il risarcimento da parte dell'armatore è ancora in fase di definizione, mentre quello riconosciuto da una parte delle ditte coinvolte ammonta a complessivi 1.500.000 Dollari. Ad oggi, è da concludere il risarcimento della restante parte delle ditte coinvolte.

D.S.: due battaglie vinte, una di 2.900.000 Dollari, l'altra di ulteriori 750.000 Dollari.

D.S. nasce a Trapani nel 1957. A 17 anni, dopo aver lavorato per qualche tempo in campagna, abbandona la terra in favore del mare, iniziando la propria carriera da marittimo sulle navi americane di compagnie petrolifere. Dal 1983 in poi, presta il suo servizio, sempre come marinaio, su navi, invece, appartenenti a compagnie italiane.

Dopo 41 anni di navigazione, dei quali 9 trascorsi su imbarcazioni statunitensi, scopre di avere un mesotelioma pleurico, all'età di 58 anni, con un figlio adolescente di 14: il suo destino è segnato da un male incurabile.

Pur non conoscendo quanto questo tipo di tumore sia devastante, realizzerà che non potrà più avverare tutti i suoi sogni, comprende che non potrà tornare alla sua amata campagna, dalla quale è partito per un futuro migliore e che non potrà più veder crescere suo figlio. Il suo futuro gli è ormai precluso.

Proprio avendo a cuore suo figlio e sua moglie che è condannato a lasciare, nel giugno del 2018 D.S. decide di prendere in mano quel poco di vita che gli restava, con estremo coraggio e determinazione. Abbiamo depositato presso la Corte Suprema della California un ricorso contro le compagnie americane responsabili di allestimenti, elementi meccanici e di coibentazioni presenti a bordo delle navi fatte di solo amianto.

I nomi delle compagnie: FMC Corporation, Crane, Buffalo Pumps, Air&Liquid System Corporation, Foster Wheeler, General Electric, Chesterton, Garlock e Ingersoll-Rand. La malattia avanza, ma D.S. non molla, è deciso a combattere. Vuole portare avanti la battaglia contro chi lo ha fatto ammalare, utilizzando le uniche armi che ha a disposizione: verità e conoscenza.

D.S. con estremo orgoglio e dignità scende in campo per la sua personale "guerra". Se non per il dono più grande, quello della vita, almeno vince due battaglie economiche: da una ha ottenuto 2.900.000 Dollari, dall'altra ulteriori 750.000 Dollari. Anche se a soli 61 anni, nel novembre 2018, D.S. ha lasciato questa vita terrena, ha portato con sé la gioia nel cuore di aver potuto dare un futuro migliore a sua moglie e suo figlio.

A.P.: in soli 35 mesi si è ammalato fatalmente; indennizzo di 800.000 Dollari

A.P. nasce nel 1953 a Procida: nella piccola isola l'attività di marittimo è così diffusa che ogni suo abitante ha almeno un nonno, uno zio o un parente prossimo che ha svolto o svolge ancora ad oggi questo lavoro.

La storia di A.P. è davvero singolare: come marittimo ha svolto il suo servizio per soli 35 mesi, appena, quindi tre anni, dunque non una vita intera come negli altri casi. Meno di tre anni che gli sono però bastati affinché l'amianto svolgesse il suo triste "compito".

A.P. nel 1973 è assunto come Giovanotto di macchine; successivamente viene nominato operaio motorista allievo Ufficiale di macchine per poi chiudere la sua carriera come primo Ufficiale.

Una carriera, come detto, molto breve, ma fatale: 26 mesi e 15 giorni su navi battenti bandiera nazionale, 8 mesi e 7 giorni su navi americane, Getty e Texaco, le compagnie petrolifere che si sarebbero poi fuse all'attuale Chevron.

A.P. nel 2018, dopo 45 anni dal suo primo imbarco, lascia famiglia, parenti e amici. La causa? Tumore al polmone, ovvero mesotelioma, causato, come scientificamente accertato, dall'esposizione alle fibre di amianto delle quali navi americane erano foderate.

La causa per l'indennizzo dura appena pochi mesi, prima del suo decesso. Il giudizio viene incardinato nel Delaware, presso la Corte Superiore distrettuale degli Stati Uniti, ma lui partecipa al dibattimento in videoconferenza, dall'Italia, da casa sua sulla piccola Procida.

Il procedimento si è concluso con un risarcimento di 800.000 Dollari.

S.A: indennizzo di 1.000.000 di Dollari

S.A. nasce nel 1948 a Pozzallo, in provincia di Ragusa, una città con altissima vocazione marittima. S.A. risponde a quella che è la tradizione dei suoi luoghi di appartenenza e inizia la sua avventura in mare nel 1964, terminandola nel 2002.

Incaricato come Giovanotto di coperta, diventa poi Mozzo, per chiudere la sua carriera come Marinaio. S.A. ha navigato per 23 anni, 13 dei quali con navi battenti bandiera nazionale e quasi 9 anni con bandiera estera; precisamente con le compagnie petrolifere americane Phillips Petroleum Company, Cosmopolitan Shipping Company e Ultramar.

Il giudizio viene incardinato presso la Corte Superiore della California, a Los Angeles, ma il procedimento della durata di 6 mesi, si è svolto in video conferenza dall'Italia, nel paese di residenza di S.A. Il risarcimento ottenuto è stato pari a 1.000.000 di Dollari.

E.C.: due risarcimenti, uno di 3.000.000 di Dollari, l'altro 1.000.000 Dollari

E.C. ha lavorato per 27 anni come marittimo, 18 dei quali passati a bordo di navi americane "targate" Chevron. È un caso raro perché sono in pochi che hanno prestato così tanti anni allo stesso armatore. Originario di Gaeta, E.C. sale per la prima volta a bordo di una nave nel 1966 come Giovanotto di macchina; dopo aver ricoperto le mansioni di 3°, 2° e 1° Ufficiale di macchina, nel 2002, l'ultimo sbarco, lo vede come Direttore di macchina.

E.C. lascia moglie e due figli nell'ottobre del 2017 all'età di 68 anni, colpito da mesotelioma pleurico diagnosticato solo un anno prima, nel 2016. Per lui, uomo di grande esperienza e cultura, la malattia non è stata di certo un mistero.

Sapeva benissimo che la patologia diagnosticata non gli avrebbe lasciato scampo, ma ha combattuto con le poche forze rimaste fino all'ultimo, sia contro la sua malattia che nella causa contro le compagnie americane proprietarie di navi che per quasi 20 anni sono state la sua seconda dimora.

La storia giudiziaria di E.C. comincia nei primi mesi del 2017, con un giudizio incardinato presso la Corte Superiore della California, a Los Angeles. Dopo alcune contestazioni di rito, ma puntualmente tutte superate, nel giugno del 2017 cominciano le video-deposizioni, a blocchi di 5/7 giorni consecutivi di lavoro, sino ad arrivare all'ultima nell'agosto del 2017.

Durante le video-deposizioni E.C. è stato sottoposto a interrogatori da parte dei vari avvocati della controparte, ossia la Chevron, la compagnia armatoriale e dalle altre compagnie, come la Exxon, FMC Corporation, Foster Wheeler, General Electric, Chesterton, Garlock ed Ingersoll-Rand, tutte citate in giudizio, come responsabili degli allestimenti, elementi meccanici e coibentazioni presenti a bordo delle navi in amianto.

In tutto questo, E.C. voleva ottenere giustizia: infatti, nonostante le precarie condizioni fisiche, non mancava mai di avere una pronta ed immediata risposta.

Al termine del procedimento, il risarcimento riconosciuto dall'armatore è ammontato a 3.000.000 di Dollari, quello invece riconosciuto dalle altre aziende complici è stato complessivamente di 1.000.000 Dollari.

Ecco, queste alcune delle storie di miei clienti, tutti accomunati dalla stessa sorte. Triste sorte. Uomini che hanno dedicato la propria vita al mare.

Uomini ingiustamente volati in Cielo, colpiti da una malattia dolosa. Uomini dal grande onore, che nonostante tutto, hanno voluto rendere giustizia. Uomini dal grande cuore, che hanno voluto donare alla propria famiglia un futuro migliore. Uomini che da lassù, assieme a mio Padre, Michele, saranno senz'altro felici, nel sapere che le loro vicende, seppur tristi sono servite ai posteri.

E dopo queste storie, nel prossimo capitolo, quello finale, ti saluterò, a conclusione di questo fantastico viaggio fatto assieme.

Conclusione

Prima di darti un definito "arrivederci", voglio ringraziarti per aver letto queste pagine. Voglio, di cuore, rinnovarti l'invito a contattarmi senza alcuna esitazione, per qualsiasi tuo dubbio, in merito a quanto io abbia trascritto.

Come farlo? Molto semplice. Attraverso uno dei miei canali Social, Facebook e Instagram, oppure mandarmi un'e-mail all'indirizzo: info@brandicarabellese.it

Per fissare un appuntamento telefonico oppure in video chiamata, come tu preferisci. Mi puoi trovare anche sul mio sito web: www.brandicarabellese.it

Come ho scritto all'inizio di questo libro, la nostra assistenza è completamente gratuita, ossia, sì dei costi e delle spese è naturale che ce ne siano, ma ti verranno decurtate solo nel momento in cui otterrai il tuo risarcimento.

Se non dovessi ottenere il risarcimento? Non devi assolutamente niente a nessuno, tanto meno a me. E di questo ti dò la mia assoluta garanzia. Oltre a firmare un contratto di mandato in cui verrà formalizzato quanto ti ho appena detto, hai la mia parola d'onore.

Attraverso la mia consulenza posso indirizzarti per capire come darti supporto legale, finalizzato all'ottenimento di un risarcimento monetario del danno da parte di un datore di lavoro inadempiente e a conoscenza della presenza di amianto, e se ci sono tutti i presupposti.

Il risarcimento spetta a tutti coloro i quali hanno prestato servizio su imbarcazioni costruite o rifinite da soggetti, anche statunitensi. Inoltre, ti ricordo che possono richiedere lo stesso i familiari del lavoratore marittimo scomparso a seguito della contrazione delle malattie.

Attraverso il mio studio, puoi presentare la domanda per danni agli armatori, anche statunitensi. Pensa che sono stati occupati e istituiti fondi appositamente per i suddetti indennizzi: perché non sfruttarli allora per chiedere che venga fatta giustizia?

Il tempo necessario perché al soggetto interessato sia erogato il risarcimento è notevolmente ridotto, appena circa 1 anno in alcuni casi, in quanto i sopradetti datori sono assoggettati all'amministrazione giuridica statunitense, che ha un corso burocratico molto molto rapido.

Abbiamo maturato un'approfondita conoscenza ed esperienza, anche per il vissuto personale che hai letto, nell'ambito dei risarcimenti del danno per attività professionali connesse alla esposizione a fibre di amianto. E oggi, per me occuparmi per lavoro delle vittime dell'amianto, rappresenta assieme all'Associazione, la mia più profonda vocazione di vita.

Quindi se:
- Sei stato un lavoratore a contatto con l'amianto;
- Sei un marittimo che ha navigato su una delle navi americane costruite con amianto;
- Sei un residente nelle zone, ove ci sono stati siti per la lavorazione, produzione ed estrazione dell'amianto;

- Sei una moglie di un marito o un figlio, una figlia di un padre deceduto per colpa dell'amianto;

- Sei un nipote, una nipote di uno zio o di un nonno anch'esso scomparso per lo stesso motivo;

- Sei una persona affetta o sospetti di aver contratto malattia a seguito di inalazione di amianto e vuoi sapere dove e a chi rivolgerti per fare accertamenti;

- Hai dei dubbi e ritieni di essere un soggetto a rischio perché hai lavorato a contatto con l'amianto e vuoi fare prevenzione capendo quali controlli poter fare;

- Hai notato o ti sei accorto che c'è dell'amianto nelle tue zone e vuoi sapere come poter procedere con la bonifica o lo smaltimento.

Io sono qui. Sarò davvero onorato e lieto di supportarti. A presto, ti aspetto,

Nicola Carabellese.

Ringraziamenti

Ora, come atto finale e doveroso, ecco alcuni ringraziamenti, che mi stanno a cuore:

Grazie al Dott. Andrea Schiano, referente della Sede A.P.I.N. di La Spezia che ha sposato fin dagli albori la nostra filosofia. Anche a lui il mesotelioma si è portato via il padre, un grande uomo.

Grazie a Gennaro Fedele, ex Direttore di macchine, il referente della sede A.P.I.N. di Gaeta; un uomo dalle mille risorse di cui ho una profonda stima ed ammirazione. Lo considero il mio secondo padre.

Grazie all'avvocato Ninella Azzarelli, referente della sede A.P.I.N. di Pozzallo; una donna con la "D" maiuscola, per la quale l'impegno per il prossimo è da sempre una sua priorità.

Grazie alla collega Francesca De Renzo, per la sua professionalità e dedizione al lavoro ed alla sua capacità di fare squadra.

Grazie al mio collega di studio, nonché Socio, Gennaro Luca Brandi, senza il quale nulla di tutto ciò sarebbe possibile. Mi sopporta e mi supporta in tutto: rappresenta per me il fratello che non ho mai avuto.

Grazie a "The Wolf" che mi ha sempre detto: "AVANTI CON FORZA"

Grazie al collega Pierpaolo Petruzzelli.

E infine, per ultimo, ma di certo non per importanza, grazie a te, che hai comprato questo libro e che hai investito il tuo prezioso tempo per leggermi.

Grazie.

Nicola Carabellese